AF378953

CHARLES DE GAULLE

El hombre del llamamiento a la Resistencia

Por Justine Ducastel
Traducido por Marina Martín Serra

CHARLES DE GAULLE — 9

BIOGRAFÍA — 13

El nacimiento del militar

La Resistencia a cualquier precio

Charles de Gaulle, el estadista

CONTEXTO — 21

La inestabilidad del periodo de entreguerras

1940 y la escisión de Francia

La reconstrucción de Francia bajo la Cuarta República

La crisis argelina y el nacimiento de la Quinta República

MOMENTOS CLAVE — 33

El hombre de la rebelión

La Liberación: entre euforia y desencanto

Regreso triunfante y primer septenio

El declive del segundo septenio

REPERCUSIONES — 51

La política marcada para siempre

Una economía y una industria en buena forma

El hombre del 18 de junio

El hombre de letras

El homenaje de los franceses

EN RESUMEN — 59

PARA IR MÁS ALLÁ — 67

CHARLES DE GAULLE

- **¿Nacimiento?** El 22 de noviembre de 1890 en Lille (Francia).
- **¿Muerte?** El 9 de noviembre de 1970 en Colombey-les-Deux-Églises (Francia).
- **¿Principales aportaciones?**
  - La puesta en marcha de la Resistencia francesa.
  - El establecimiento de la nueva Constitución de 1958.
  - La instauración de la Quinta República.
  - El reconocimiento de la independencia de Argelia en 1962.
  - El posicionamiento de Francia en el escenario internacional.
  - El alivio de las tensiones que se produjeron durante el mes de mayo de 1968.

Charles de Gaulle, una gran figura militar y política del siglo XX, deja huella por su voluntad inquebrantable de representar y defender a Francia. Su célebre llamamiento del 18 de junio de 1940 desde Londres le abre las puertas del

Panteón y lo convierte en símbolo de la Francia Libre y de la Resistencia. Tras la liberación de París en agosto de 1944, asciende a la cabeza del Gobierno provisional. Sin embargo, el militar se convertirá en político por poco tiempo: tras mostrarse en desacuerdo ante las medidas adoptadas, acaba dimitiendo pocos meses después de haber adoptado el cargo.

Aunque pensaba que poco después de marcharse volverían a solicitar su ayuda, debe resolverse a aceptar su derrota. Sin embargo, De Gaulle está lejos de abandonar sus convicciones, y en 1947 funda su propio partido: la Agrupación del Pueblo Francés. No obstante, su proyecto fracasa y se ve obligado de nuevo a retirarse de la esfera política, lo que marcará el comienzo de una larga travesía del desierto que durará más de diez años. Después de todo ese tiempo, se le pide que vuelva para ayudar a Francia: el país está en una situación crítica, atrapado en una situación de la que no puede salir, especialmente en Argelia. Entonces, De Gaulle se centra en redactar una nueva Constitución que, en 1958, establece la Quinta República. Bajo su presidencia, Argelia obtiene su independencia en 1962. Sin embargo, aunque es reelegido en 1965, surge una brecha cada vez mayor entre él y el pueblo francés, al que ya no logra entender; por ello, acabará dimitiendo el 27 de abril de 1969. Finalmente, pocos meses después, De Gaulle se apagará para siempre.

Este hombre, probablemente uno de los franceses más ilustres del siglo XX, es un hombre polifacético del que todavía hoy se están descubriendo nuevas caras.

BIOGRAFÍA

EL NACIMIENTO DEL MILITAR

| Retrato de Charles de Gaulle.

Charles de Gaulle nace el 22 de noviembre de 1890 en Lille, en el seno de una familia católica. Es el tercer hijo del matrimonio formado por Jeanne (1860-1940) y Henri de Gaulle (1848-1932), que le transmiten su gusto por la historia y la literatura. Charles se criará en París, donde recibirá una educación tradicional y donde frecuentará establecimientos católicos, primero los asuncionistas y, más adelante, los jesuitas.

Aunque le gusta mucho la literatura, decide comenzar una formación militar y, en 1909, entra en Saint-Cyr. Allí, elige el cuerpo de infantería y se une al 33.º Regimiento en Arras, bajo las órdenes del coronel Pétain (1856-1951) hasta que acaba su aprendizaje, en 1912.

En agosto de 1914, cuando estalla la Primera Guerra Mundial, el teniente De Gaulle se marcha a combatir al frente del noreste. Allí, resulta herido dos veces y se queda en el campo de batalla de Verdún (1916), ya que sus compañeros creen que ha muerto. Entonces, los alemanes lo hacen prisionero y no lo liberan hasta el 11 de noviembre de 1918, cuando ya se ha firmado el armisticio.

Después de la Primera Guerra Mundial, Charles de Gaulle continúa su carrera militar. En 1921, tras regresar de una misión en Polonia, se casa con Yvonne Vendroux (1900-1979), con la que tiene tres hijos: Philippe (nacido en 1921), Elizabeth (nacida en 1924) y Anne (nacida en 1928). Durante esa década, De Gaulle vive una experiencia tras otra y lleva a cabo una profunda reflexión sobre la profesión de soldado y la reforma del ejército. Entre 1931 y 1937, ingresa en la Secretaría General de la Defensa Nacional en París, donde descubre el mundo de la política.

LA RESISTENCIA A CUALQUIER PRECIO

El 3 de septiembre de 1939, se produce la declaración de guerra entre Francia y Alemania. Acto seguido, De Gaulle es nombrado comandante de los tanques del 5.º Ejército, con el que destaca en el campo de batalla. En junio de 1940, vuelve a París para ocupar el puesto de subsecretario de Estado de Defensa Nacional y de Guerra y, a continuación, los acontecimientos se encadenan con rapidez. Poco después de su regreso a la capital, el Gobierno de Francia lo envía a la capital de Inglaterra para coordinar las estrategias militares de ambos países.

Cuando vuelve a Francia el 16 de junio, De Gaulle se entera de la dimisión del presidente del Consejo, Paul Reynaud (1878-1966), y de que su antiguo superior, el mariscal Pétain, quiere concluir un armisticio con los alemanes. Incapaz de aceptar la situación, vuelve inmediatamente a Londres, donde pronuncia su famoso llamamiento del 18 de junio, transmitido por la BBC, en el que insta a los franceses a unirse y a continuar la lucha contra el invasor. A partir de ese momento, la postura del general De Gaulle está en total ruptura con Pétain, y el Gobierno incluso llegará a condenarlo a muerte en rebeldía por alta traición.

De Gaulle, convertido en el símbolo de la Resistencia, durante la Segunda Guerra Mundial luchará constantemente contra Alemania y contra el régimen de Vichy. Establece un gobierno para la Francia Libre y también la dota de fuerzas armadas. Durante todos esos años de exilio, el general tiene un solo deseo: unificar la resistencia interior y exterior y, sobre todo, encontrar una forma de legitimidad con los Aliados.

CHARLES DE GAULLE, EL ESTADISTA

El 26 de agosto de 1944, su retorno triunfal a París en el momento de la Liberación lo catapulta hacia la cabeza del Gobierno provisional, pero por poco tiempo: en enero de 1946 dimitirá, ya que no está de acuerdo con la nueva Constitución que se prepara. De Gaulle no abandona la política y, en abril de 1947, funda la Agrupación del Pueblo Francés que, sin embargo, no tendrá éxito. Entonces, se retira de la política y empieza una travesía del desierto que durará hasta 1958.

| Fotografía de la multitud concentrada el 26 de agosto en París para recibir a De Gaulle.

Ese año, los problemas en Argelia se acentúan y parece que nadie puede solucionarlos. Entonces, se le pide a De Gaulle que vuelva a entrar en escena, ya que todos creen que es el hombre adecuado para resolver la delicada situación. Este acepta presidir el Consejo de la Cuarta República, y elabora una nueva Constitución que constituirá las bases de la Quinta República, de la que se convierte en presidente en enero de 1959. Asimismo, logra calmar la situación en Argelia concediéndole su independencia. Finalmente, en 1965, cuando se celebran las primeras elecciones presidenciales sometidas a sufragio universal —como él quería que fuesen—, es reelegido a la presidencia, derrotando a su oponente François Mitterrand (1916-1996).

Cuatro años después, en el país se producen numerosos levantamientos originados en el entorno estudiantil, que acabarán extendiéndose hacia los obreros, que acaban bloqueando el país. El movimiento de protesta tiene un claro objetivo: De Gaulle. Sin embargo, el presidente logra salir del paso al hacer un llamamiento a la movilización de los franceses. No obstante, el golpe fatal está cerca: el 27 de abril de 1969, se organiza un referéndum sobre la regionalización y la reforma del Senado, y gana el no; De Gaulle había dicho que dimitiría si se producía ese resultado, por lo que no tiene más remedio que retirarse. Finalmente, pasará el resto de sus días en Colombey-les-Deux-Églises, donde muere el 9 de noviembre de 1970.

CONTEXTO

LA INESTABILIDAD DEL PERIODO DE ENTREGUERRAS

En 1925, De Gaulle escribe una carta dirigida a su amigo Lucien Nachin, de la que queremos destacar un fragmento:

> «Quizás estamos sumergidos en la noche que precede al alba de un nuevo mundo. Sin embargo, hay que vivir, y es muy probable que para vivir sea necesario combatir, es decir, enfrentarse a las armas del enemigo y mostrarle el vigor de las nuestras. Por mi parte, no renuncio a prepararme para el combate» (Charles de Gaulle.org 2017).

Estas palabras de De Gaulle, aunque están escritas en 1925, parecen una premonición de lo que sucederá algunos años más adelante. Aunque tras la Primera Guerra Mundial la paz vuelve a Europa, con el paso de los años sus consecuencias desencadenarán una gran inestabilidad en el Viejo Continente, tanto en el plano político y económico como en el social.

Después de firmarse el Armisticio de 1918, nace una nueva Europa: las fronteras de los antiguos imperios cambian para dar forma a nuevos Estados independientes. Asimismo, se crea un nuevo organismo internacional para velar por la paz: la Sociedad de Naciones. Sin embargo, a pesar de las precauciones adoptadas, estallan revoluciones en todas partes de Europa y, en especial, en Europa del Este y en Alemania, donde los obreros intentan sublevarse siguiendo el ejemplo ruso.

LA REVOLUCIÓN RUSA

En 1917 tiene lugar la Revolución rusa, que se desarrolla en dos tiempos: en febrero, mientras Rusia se desangra a causa de la guerra, la población se levanta contra el régimen autocrático del zar Nicolás II (1868-1918) y lo derroca. A continuación, se produce una guerra civil en la que el Partido Bolchevique —liderado por Lenin (1870-1924)— se enfrenta a los otros movimientos políticos, que también desean hacerse con el poder. En octubre de 1917, Lenin toma el control y hace que nazca la Rusia soviética. Estos acontecimientos tienen una importancia vital para la Europa del siglo XX y son el preludio de la emergencia de dos bloques con ideologías opuestas.

Los perdedores de la Primera Guerra Mundial, a los que se imponen los «diktats» del Tratado de Versalles (1919), ven emerger en sus Estados corrientes nacionalistas y sociales. En Italia, Benito Mussolini (1883-1945) aprovecha la coyuntura para tomar el poder en 1922 e imponer al país un régimen fascista, que servirá de modelo para otros movimientos de extrema derecha en Europa. En Alemania, Adolf Hitler (1889-1945) se hace con el poder en 1933 y pone en práctica una política agresiva con los países vecinos.

A esta inestabilidad política se le añade otra crisis que, esta vez, afecta a la economía: la Gran Guerra ha causado una destrucción inmensa, y los países se han endeudado para reconstruir sus infraestructuras y para reactivar el crecimiento económico. El crac de 1929 anuncia el inicio de la Gran Depresión, marcada por una fuerte caída de la actividad económica y por una elevada tasa de desempleo. Gracias a esta crisis económica mundial, el nazismo y el fascismo encuentran argumentos excelentes para alimentar sus reivindicaciones.

1940 Y LA ESCISIÓN DE FRANCIA

El 1 de septiembre de 1939, la Alemania nazi invade Polonia: comienza la Segunda Guerra Mundial. Los franceses y los británicos, exasperados por las intempestivas violaciones del derecho internacional que lleva a cabo Alemania, le declaran la guerra el 3 de septiembre. Entonces, empieza el periodo que se conoce como la guerra de broma, caracterizada por la ausencia de combates en el territorio europeo, y una carrera armamentística por parte de todos los beligerantes. El enfrentamiento no comenzará de verdad hasta el 10 de mayo de 1940, con la invasión de los Países Bajos, de Bélgica y de Francia por parte de los alemanes.

A lo largo de la batalla de Francia (10 de mayo-22 de junio de 1940), las tropas alemanas van de victoria en victoria, hasta el punto de lograr repeler a los Aliados hasta Dunkerque.

Cuando empieza el conflicto, los alemanes combaten de forma muy eficaz gracias a la táctica militar de la *Blitzkrieg* o «guerra relámpago». Esta estrategia ofensiva consiste en concentrar a un gran número de fuerzas (soldados, vehículos motorizados, aviación) en un lugar estratégico y bien localizado, durante un periodo de tiempo muy corto. Entonces, las tropas tienen la misión de tomar lugares estratégicos y cortar las comunicaciones y el abastecimiento de las tropas enemigas. Así, durante la campaña de Francia, aunque son menos numerosos y menos poderosos, los tanques alemanes logran desestabilizar las líneas de defensa aliadas.

Mientras que la derrota amenaza a los aliados, el 18 de junio De Gaulle hace un llamamiento al pueblo francés a través de la BBC: lo insta a continuar la lucha contra Alemania, oponiéndose al mariscal Pétain que, el día anterior, había expresado su voluntad de rendirse ante el invasor. Sin embargo, la intervención de De Gaulle no impide que cinco días más tarde se firme el armisticio entre Francia y Alemania. Entonces, Francia se divide en dos: en el norte está la zona ocupada, dirigida por la administración alemana y, en el sur, está la zona libre donde se instala el Gobierno de Vichy liderado por el mariscal Pétain. Esta división puede verse tanto a nivel geográfico como humano: algunos civiles y militares no pueden aceptar la política de colaboración promovida por Vichy y deciden oponer resistencia.

El 7 de diciembre de 1941, la guerra entra en una nueva fase tras el ataque a la base militar estadounidense de Pearl Harbor por parte de Japón, aliado del Eje (Roma-Berlín-Tokio). Hasta 1942, la supremacía alemana en Europa es abrumadora pero, poco a poco, el ejército nazi sufre sus primeras derrotas. El desembarco de los americanos y de los británicos en el norte de África el 8 de noviembre de 1942 marca un nuevo punto de inflexión en el conflicto y, el 2 de febrero de 1943, Hitler se ve obligado a rendirse ante Stalingrado, en Rusia. Sin embargo, la reconquista de los territorios ocupados no empezará hasta el 6 de junio de 1944, con el desembarco en las playas de Normandía.

A lo largo de esos años de guerra, el general De Gaulle no para de intentar que los franceses se sumen a su lucha. Como líder de la Francia Libre, organiza inicialmente la resistencia exterior en torno al Gobierno en el exilio, reuniendo a las fuerzas militares opuestas al Gobierno de Vichy para ponerlas a disposición de los Aliados. Un tiempo después, se da cuenta de la importancia de la resistencia interior e implementa una política de acercamiento entre esas dos fuerzas vivas.

LA RECONSTRUCCIÓN DE FRANCIA BAJO LA CUARTA REPÚBLICA

El 8 de mayo de 1945, la capitulación de los alemanes marca el final de la guerra. Aunque la Francia Combatiente de De Gaulle forma parte del bando de los vencidos, el Gobierno provisional de la República francesa (GPRF) hereda un país profundamente debilitado. Al elevado número de pérdidas humanas (635 000 víctimas) deben sumarse importantes destrucciones materiales y una economía muy frágil. Asimismo, hay que lograr unir a los franceses, enfrentados por las querellas entre los resistentes y los colaboradores. Rápidamente, se emprenden reformas sociales como la instauración del derecho de voto de las mujeres en 1944, la nacionalización de algunas industrias y, finalmente, la creación de la seguridad social en 1945.

Para redactar la nueva Constitución que será la base de la Cuarta República, se crea una asamblea constituyente. Sin embargo, durante las negociaciones se produce una ruptura entre la mayoría de la izquierda, que quiere establecer un poder legislativo superior al ejecutivo, y De Gaulle, que defiende justamente lo opuesto y que, finalmente, acaba dimitiendo por este motivo en enero de 1946.

En octubre de 1946 se aprueba definitivamente la nueva Constitución de la Cuarta República. En el plano económico, Francia experimenta un período de gran prosperidad, sobre todo gracias a la ayuda de los Estados Unidos y del Plan Marshall, al crecimiento económico mundial y, por último, al *baby boom*. Pero, en el terreno político, la situación contrasta mucho más: desde 1947, la Cuarta República está inmersa en una gran inestabilidad originada, entre otras causas, por la sucesión de muchos gobiernos que permanecen en el poder durante pocos meses y provocan el descontento de los ciudadanos.

También en este momento comienza el proceso de descolonización. Las colonias, tras haber sido testigos de los retrocesos de los imperios coloniales, exigen que se les conceda su autonomía. El fenómeno se inicia en Asia: en Indochina, Francia queda sumida en una guerra contra los independentistas liderados por Ho Chi Minh (1890-1969), que no se acabará hasta 1954. A continuación, se extiende hacia África, donde Túnez y Marruecos obtienen fácilmente su independencia en 1956; sin embargo, el caso de Argelia es una verdadera bomba de relojería para el Gobierno francés.

Durante este periodo, Charles de Gaulle trata de permanecer en el frente de la escena política mediante la creación de su propio partido, la Agrupación del Pueblo Francés. Sin embargo, en 1953 pierde una parte de sus votantes, y esto lo empuja a retirarse.

LA CRISIS ARGELINA Y EL NACIMIENTO DE LA QUINTA REPÚBLICA

En 1954 estalla la guerra en Argelia, tras múltiples atentados perpetrados por el Frente de Liberación Nacional, que reivindica la independencia del país. El Gobierno francés se niega a ceder y el conflicto queda atascado en una situación cada vez más inquietante, por lo que los franceses piden que Charles de Gaulle vuelva al poder: consideran que es el único que puede acabar con el problema.

Así, en junio de 1958, De Gaulle se convierte en presidente del Consejo. Inmediatamente después, exige que se redacte una nueva Constitución, que se acaba en septiembre y que luego aprueba la Asamblea. En diciembre del mismo año, De Gaulle es elegido presidente de la República. Aunque llega al poder gracias a los partidarios de la Argelia francesa, rápidamente se da cuenta de que el único modo de solucionar la crisis argelina es otorgarle la independencia al país. En febrero de 1962, se firman los Acuerdos de Evian, que ponen fin a la guerra civil.

La recién instaurada Quinta República se caracteriza por el fortalecimiento de los poderes presidenciales, por la consolidación de la autoridad del Gobierno y por la reducción y la limitación de los poderes del Parlamento.

MOMENTOS CLAVE

EL HOMBRE DE LA REBELIÓN

El llamamiento del 18 de junio

El 16 de junio de 1940, De Gaulle se encuentra otra vez en Inglaterra, donde se reúne en varias ocasiones con Churchill (estadista británico, 1874-1965) con la intención de obtener un apoyo más importante del Reino Unido para luchar contra Alemania. En ese momento, recibe la noticia de la dimisión del Gobierno Reynaud, y a continuación el mariscal Pétain toma el control de Francia y expresa su voluntad de someterse a Alemania. Sin embargo, la firma de un armisticio no entra dentro de los planes del general, por lo que decide volver a Londres y, el 18 de junio del mismo año, pronuncia un discurso a través de la BBC que marcará para siempre la historia de Francia. Con él, insta a los franceses a que no abandonen el combate: «Pase lo que pase, la llama de la resistencia francesa no debe apagarse, ni se apagará jamás» (Jiménez Barca 2010).

Con la idea de preservar el interés nacional, De Gaulle intenta sumar a su causa a los soldados y oficiales franceses, a los que les pide que se reúnan con él en Londres.

Texto del llamamiento del 18 de junio.

La difícil construcción de la resistencia exterior

El 28 de junio, mientras De Gaulle está refugiado en Londres, Churchill lo reconoce como líder de la Francia Libre. El general no planea constituir un contingente armado que lucharía bajo la égida del mando británico, sino volver a situar a Francia en la primera línea del combate contra la Alemania hitleriana. Para hacerlo, pretende dotarla de un ejército y de un Gobierno con una base territorial propia. La tarea no será fácil, sobre todo después de que los ingleses destruyan la flota francesa en Argelia el 7 de junio de 1940. A pesar de que el ataque era necesario para que los alemanes no se aprovecharan de la situación, este hace que algunos soldados no quieran sumarse a la causa de De Gaulle. Sin embargo, aunque el camino está repleto de obstáculos, el general logra formar un verdadero ejército con un servicio de inteligencia, una marina, una aviación y un contingente terrestre al que da el emblema de la Cruz de Lorena. Aunque se encuentra aislado políticamente, el 7 de agosto de 1940 el Gobierno británico le brinda el reconocimiento de la Francia Libre y de las Fuerzas

Francesas Libres (FFL). La confianza depositada en él cuelga de un hilo y De Gaulle todavía debe ganarse la de los Aliados y, sobre todo, la de los franceses.

Rápidamente, el general ve en los territorios franceses del imperio colonial el puerto base ideal de la Francia Libre, y varias colonias de Asia y Oceanía se suman a su causa. Poco a poco, la situación de la Francia Libre mejora, tanto en el ámbito militar como en el político. Sus contingentes armados destacan en el frente, sobre todo en la batalla de Kufra (31 de enero-1 de marzo de 1941), donde lucharon contra los italianos, y en la batalla de Bir Hakeim (26 de mayo-11 de junio de 1942), donde hicieron lo propio contra los alemanes. El 24 de septiembre de 1941, se crea el Comité Nacional Francés (CNF). Su objetivo es, por un lado, asegurar la admiración de los territorios que dependen de la Francia Libre (el África Ecuatorial Francesa, Camerún, Nueva Caledonia, Tahití, las factorías de la India, etc.) y, por otro, actuar como representante de las fuerzas aliadas.

De la Francia Libre a la Francia Combatiente

En paralelo a la resistencia exterior iniciada por Charles de Gaulle, se inicia también una resistencia interior en la Francia metropolitana, dividida en dos zonas (el norte, administrado por los alemanes, y el sur, en manos del Gobierno de Vichy). De este modo, muchos franceses entran en la clandestinidad y se unen a distintos movimientos para luchar contra la ocupación, pero también contra la colaboración del Gobierno de Vichy. Esta resistencia interior es muy desigual y adopta formas muy distintas según la zona en la que se produce (ocupada o libre).

En 1940, De Gaulle no presenta especial interés por la resistencia interior. Sin embargo, rápidamente se da cuenta de la importancia vital de esta, y de que la unificación de ambos movimientos es primordial. Por ello, le encarga a Jean Moulin (resistente francés, 1899-1943) que una la resistencia exterior a la Francia Libre, y también que unifique los distintos movimientos que la componen. Asimismo, el 13 de julio de 1942 se cambia el nombre del movimiento Francia Libre a Francia Combatiente, tras una propuesta de De

Gaulle con tal de promover la fusión. En 1943, la misión de Jean Moulin alcanza sus objetivos, y se crea el Consejo Nacional de la Resistencia, presidido por el propio Charles de Gaulle.

Mientras tanto, la Resistencia logra establecerse en el norte de África y, más en concreto, en Argel, donde se vislumbra el comienzo de una nueva república. Este anclaje permite que las Fuerzas Francesas Libres se fusionen con el Ejército de África, provocando que las tropas movilizadas para la guerra en el bando de los Aliados aumenten hasta 1 300 000 hombres.

El Comité Francés de Liberación Nacional (CFLN) se crea en mayo de 1943 bajo la presidencia conjunta de De Gaulle y del general Henri Giraud (1879-1949). Sin embargo, este último queda rápidamente relegado a un segundo plano, ya que todo el protagonismo pasa a ser para Charles de Gaulle que, en ese momento, se confirma como el líder político y militar de la Francia resistente. El 3 de junio de 1944, tres días antes del desembarco de Normandía, el CFLN se convierte en el Gobierno provisional de la República francesa (GPRF).

LA LIBERACIÓN: ENTRE EUFORIA Y DESENCANTO

Francia es liberada

Gracias a la determinación de Charles de Gaulle, tras la Liberación, Francia no cae bajo el yugo de la administración de los Gobiernos aliados, sino que obtiene su propia autoridad administrativa y política. Cuando el general desfila triunfante por los Campos Elíseos, el pueblo lo ovaciona, y aprovecha los nuevos poderes que se le han confiado. En septiembre de 1944, el GPRF se instala en París. A continuación, se pone en marcha un Gobierno de unidad nacional, que agrupa principalmente a los antiguos resistentes, y la Asamblea Constituyente, elegida en octubre de 1945, empieza a redactar una nueva Constitución.

| Foto del regreso triunfal de De Gaulle a París durante la Liberación.

1946, el año de la desilusión

Aunque el nuevo Gobierno ha puesto en marcha distintas reformas (derecho de voto de las mujeres, nacionalización de los bancos, creación de la seguridad social, etc.), no logra llegar a un acuerdo sobre la línea de actuación que hay que adoptar para implementar la nueva República. Charles de Gaulle está en desacuerdo con la Asamblea Constituyente en dos puntos: el papel de los partidos y la propia concepción del Estado. La Asamblea propone un régimen de partidos, pero De Gaulle no lo puede concebir, ya que para él el interés de la nación tiene que ser una prioridad. Al no encontrar ninguna solución, el presidente del Gobierno provisional dimite el 20 de enero de 1946. Aunque no logra que su idea de Francia se materialice en el plano político, consigue alcanzar los objetivos que se había fijado durante los años de rebelión: liberar los territorios franceses, restaurar una República en la que se organicen elecciones libres y democráticas y, finalmente, reactivar la economía y el tejido social de un país asolado por cinco años de guerra.

El discurso de Bayeux: un último resplandor antes de la travesía del desierto

En junio de 1946, Charles de Gaulle pronuncia en Bayeux (Normandía) un discurso fundacional que retoma su línea de actuación política. Se trata de un verdadero programa en el que detalla su visión de la República. Para él, Francia debe dotarse de un Gobierno fuerte para evitar los problemas vinculados con el régimen parlamentario. Así, prioriza una separación de poderes estricta y la implementación de una verdadera función de jefe de Estado.

Puesto que sus ideas son completamente opuestas a las que preconiza la Cuarta República, en 1947 De Gaulle funda su propio partido: la Agrupación del Pueblo Francés (o RPF, por sus siglas en francés). Su objetivo es oponerse al régimen de partidos y al auge del comunismo, así como hacer que avance el proyecto de una nueva reforma constitucional.

Aunque durante sus primeros años de existencia el RPF cuenta con el apoyo de los electores franceses, en 1955 el partido cae literalmente en el olvido, y tras ello De Gaulle se retira en su casa de Colombey-les-Deux-Églises, donde se consagra a la redacción de sus *Memorias de guerra*.

REGRESO TRIUNFANTE Y PRIMER SEPTENIO

La crisis argelina

El año 1958 marca el fin de la Cuarta República. Más allá de la inestabilidad ministerial, la imposibilidad del Gobierno de resolver la crisis argelina lo sume en una importante crisis. La tensión en Argelia ha ido en aumento desde 1954, momento en el que el Frente de Liberación Nacional perpetra una serie de atentados. La crisis se ha transformado en una verdadera guerra civil entre la población local, que desea que la independencia sea total, y la población europea instalada en Argelia, que quiere que el país siga en manos francesas.

Durante la primavera de 1958, cada vez más voces reclaman el retorno del general al mando del Estado. El 29 de mayo de 1958, el presidente René Coty (1882-1962) anuncia el retorno de Charles de Gaulle para formar un nuevo Gobierno. El 1 de junio, De Gaulle es nombrado presidente del Consejo de la Cuarta República y la Asamblea le encarga que redacte una nueva Constitución.

La instauración de la Quinta República y el desenlace de la guerra de Argelia

El 28 de septiembre de 1958, la nueva Constitución es adoptada por referéndum y, el 21 de diciembre del mismo año, Charles de Gaulle es elegido presidente de la República francesa. El nuevo régimen es tal como De Gaulle defendió que fuera durante su discurso en Bayeux en 1946.

Los primeros años de su septenio están centrados en la resolución de la crisis de Argelia. Aunque su postura sobre el asunto sigue siendo ambigua, demuestra una gran capacidad de adaptación frente a los acontecimientos que se le presentan. De Gaulle, que en parte llega al poder gracias a los partidarios de la Argelia francesa, les da esperanzas cuando en junio de 1958 pronuncia su famosa frase «Os he entendido» (Ferro 2000, 402). Sin embargo, cuando el FLN ya ha recibido varios golpes, De Gaulle debe rendirse ante la evidencia: el combate no podrá ganarse en el plano militar, y la independencia argelina cada vez es más probable. En septiembre de 1959, se hace una propuesta de autodeterminación a los argelinos, pero los partidarios de la Argelia francesa se oponen. No obstante, la situación no cambia: el proceso de independencia ya se ha iniciado y, el 22 de marzo de 1962, se firman los Acuerdos de Evian, que conceden la independencia a Argelia.

Francia en el panorama internacional

La presidencia de De Gaulle también está marcada por su voluntad de llevar a cabo una política de independencia nacional. En el plano defensivo, Francia adquiere el arma nuclear y hace sus primeras pruebas, primero en el desierto de la Polinesia y después en la Polinesia francesa en 1960.

Francia, que no desea unirse a ninguno de los dos grandes bloques (los Estados Unidos capitalistas y la URSS comunista) que rigen las relaciones internacionales durante gran parte de la segunda mitad del siglo XX, se retira poco a poco de la OTAN para beneficiarse de una mayor autonomía estratégica. Aunque apoya el bloque occidental, rechaza la hegemonía de los Estados Unidos y también tiene la intención de desempeñar un papel importante.

De Gaulle está a favor de una Europa de las naciones en la que cada Estado conservaría su derecho de soberanía, algo que se opone al federalismo europeo. Francia desea que se escuche su voz y se opone a la adhesión de Gran Bretaña a la Comunidad Económica Europea (CEE), ya que la considera demasiado cercana a los estadounidenses. A nivel europeo, la política gaullista está especialmente marcada por un acercamiento con la Alemania federal y los efectos de este acercamiento son visibles todavía hoy en el escenario político europeo.

EL DECLIVE DEL SEGUNDO SEPTENIO

La difícil reelección de 1965

En 1965, cuando se acercan las elecciones presidenciales —que por primera vez estarán sometidas a sufragio universal—, Charles de Gaulle no sabe si presentarse: las campañas de sus adversarios han sido muy intensas, y estos se han consagrado por completo a ellas. Sin embargo, acaba presentándose como candidato a su reelección y, aunque gana la primera vuelta, no obtiene resultados demasiado buenos. Así, se ve obligado a volverse a presentar para una segunda vuelta, frente a François Mitterrand. Finalmente es elegido con el 54,8 % de los votos, un resultado que deja entrever el inicio de la debilitación del poder gaullista.

Mayo del 68

Durante los años sesenta Francia, al igual que muchos otros países, experimenta un crecimiento económico en gran parte debido al *baby boom* y a los Treinta Gloriosos (1946-1975). Esta prosperidad económica va acompañada de una gran agitación social y moral, y del advenimiento de la sociedad de consumo. Estas nuevas realidades se oponen a las herencias tradicionales y ponen en evidencia algunos contrastes difícilmente compatibles en la sociedad, que ya no cree solamente en el beneficio.

En los círculos estudiantiles el poder vigente provoca aburrimiento y cansancio, hasta el punto de que, en mayo de 1968, se organizan las primeras manifestaciones y paros. Rápidamente, una parte de la población se suma a los estudiantes en sus movilizaciones; entre ellos, destacan los obreros, empujados por los partidos y los sindicatos de izquierdas, que entran en huelga.

| Cartel de Mayo del 68 en el que se lee la frase en francés «Mayo del 68, inicio de una lucha prolongada».

El país está dividido en dos bandos. Entonces, De Gaulle envía al primer ministro Georges Pompidou (1911-1974) al encuentro del pueblo para intentar calmar los ánimos, pero su estrategia no funciona. El 29 de mayo, el presidente desaparece por un día, sumiendo al país en una profunda incertidumbre. Al día siguiente, vuelve a mostrarse en público y pronuncia un discurso firme contra los manifestantes, en el que no duda en calificar su actuación como desastrosa. Su llamamiento para que se apoye al poder en vigor es escuchado, y Francia vuelve al orden.

Dimisión y retirada

Aunque sale de la crisis de Mayo del 68, De Gaulle no consigue recuperar la confianza de los franceses. En abril de 1969 vuelve a hacerles participar en un referéndum, esta vez para resolver la cuestión de la regionalización y de la reforma del Senado. Sin embargo, gana el no, que también simboliza un voto contra el presidente. Al día siguiente, este dimite y se retira a Colombey-les-Deux-Églises, igual que lo hizo en 1958.

Tras su dimisión, De Gaulle se abstiene de toda representación pública y vuelve a consagrarse a la escritura de sus *Memorias*. Finalmente, muere el 9 de noviembre de 1970.

REPERCUSIONES

LA POLÍTICA MARCADA PARA SIEMPRE

Está claro que la principal aportación política de Charles de Gaulle es el impulso que le da a la redacción de la nueva Constitución de 1958, que es la base de la Quinta República. El texto sigue rigiendo hoy en día la vida de los franceses, a pesar de las modificaciones que se le han hecho al contenido original. De Gaulle también ha legado una corriente política que todavía hoy persiste, el gaullismo, que está marcado por la conservación de la autonomía de Francia a nivel de su soberanía, un poder ejecutivo fuerte y, por extensión, una función presidencial con un peso importante, la elección por sufragio universal del jefe del Estado, la supresión de la brecha izquierda/derecha e incluso una forma de conservadurismo social.

UNA ECONOMÍA Y UNA INDUSTRIA EN BUENA FORMA

Tras la Segunda Guerra Mundial, Francia vive un auge muy importante: las empresas y las fábricas producen a pleno rendimiento, y el crecimiento económico es muy significativo. Más allá del clima mundial próspero de los Treinta Gloriosos, De Gaulle y su Gobierno ponen en marcha una serie de medidas que favorecen la recuperación, como la puesta en circulación del nuevo franco en 1960.

Sin embargo, esta recuperación económica que Francia empieza a experimentar durante la Cuarta República va acompañada de una fuerte inflación. Los productos franceses no se exportan con facilidad a causa de una elevada tasa de cambio; por consiguiente, se priorizan las importaciones. El equilibrio presupuestario se empieza a restablecer a partir de 1958, con la devaluación del franco francés y la creación del nuevo franco dos años más tarde. Esta estabilización permite que el Estado pueda invertir en muchos sectores, como en la investigación científica. Asimismo, esto mejora la situación industrial del país.

EL HOMBRE DEL 18 DE JUNIO

Charles de Gaulle pasa a la posteridad como el hombre de Londres, el hombre del 18 de junio. Es la propia encarnación de la Resistencia frente a la Alemania nazi y al régimen de Vichy. Considerado una de las figuras más ilustres de la historia de Francia, se le percibe como un hombre que ha hecho historia, y no como alguien que simplemente ha participado en ella. Asimismo, es una especie de icono a ojos de los franceses, especialmente gracias a su retórica, a su facilidad de palabra, a su postura o incluso a sus gestos. Y es que a menudo, durante los debates con sus adversarios, conseguía que una parte del electorado se sumara a su causa.

EL HOMBRE DE LETRAS

Conocemos bien su faceta de militar, de resistente y de político, pero su faceta literaria es mucho menos conocida, aunque es una parte importante de su vida. Charles de Gaulle se adentra desde niño en el mundo de la literatura, en gran parte gracias a su padre.

Durante los años veinte y treinta, los escritos de De Gaulle están destinados al ámbito militar; para él, soldado inconformista, se trata de un modo de transmitir sus ideas nuevas, sobre todo sobre la reforma del ejército o incluso sobre el uso de los blindados. Sus obras más conocidas de este periodo son *El hilo y la espada*, publicada en 1932, y *Hacia un ejército profesional*, publicada en 1934.

Las obras que dan a conocer su escritura al público son sus *Memorias de guerra*, redactadas durante su travesía del desierto y publicadas en tres tomos: *El llamamiento* (1940-1942), *La unidad* (1942-1944) y *La salvación* (1944-1946). Redactadas en primera persona del singular, relatan con todo detalle los acontecimientos de la Segunda Guerra Mundial vistos por el general De Gaulle. Su testimonio tiene un impacto tan importante que se le considera buen candidato para el Premio Nobel de Literatura en 1963. Cuando se retira definitivamente del escenario político en 1969, decide continuar con su trabajo literario, escribiendo esta vez *Memorias de esperanza*, pero no tiene tiempo de acabarla y finalmente solo nos dejará dos de los tres volúmenes que había previsto escribir: *La renovación* (1958-1962) y *El esfuerzo* (1962). Estos dos tomos cubren el periodo de su presidencia, y en ellos evoca los numerosos ámbitos que tuvo que gestionar como presidente de la República.

EL HOMENAJE DE LOS FRANCESES

En el plano de la conservación de la memoria, existen hoy dos lugares dedicados a la figura histórica de Charles de Gaulle: en el corazón de París, el Historial Charles de Gaulle recorre de forma interactiva la vida de este ilustre hombre cuyo destino está íntimamente ligado al de Francia. En Colombey-les-Deux-Églises, donde se alza la Cruz de Lorena, el Memorial Charles de Gaulle ofrece la posibilidad de adentrarse de forma más profunda en la intimidad del hombre y evoca las múltiples facetas de su personalidad.

Finalmente, Charles de Gaulle siempre será un personaje complejo con muchas caras, y siempre será fuente de interrogantes y de debates. La ambivalencia de su discurso sobre la independencia de Argelia o incluso el refuerzo del poder presidencial de la Quinta República, marcado por una cierta personalización de la función presidencial, son elementos que todavía hoy sus detractores se preocupan por destacar. *A contrario*, De Gaulle es percibido, tanto en Francia como en el resto del mundo, como el primero de los combatientes, glorificado y elevado al rango de mito. El hombre situó a Francia en primer plano de la escena política internacional después de 1945, y no dudó en oponerse al espacio cada vez más importante ocupado por los Estados Unidos. Charles de Gaulle sigue siendo una figura que da mucho que hablar.

EN RESUMEN

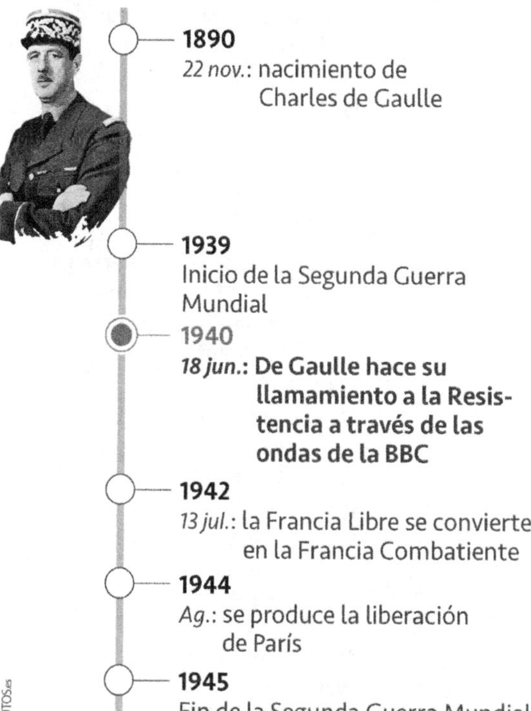

1890

22 nov.: nacimiento de
Charles de Gaulle

1939

Inicio de la Segunda Guerra
Mundial

1940

18 jun.: **De Gaulle hace su
llamamiento a la Resis-
tencia a través de las
ondas de la BBC**

1942

13 jul.: la Francia Libre se convierte
en la Francia Combatiente

1944

Ag.: se produce la liberación
de París

1945

Fin de la Segunda Guerra Mundial

1946

20 en.: **De Gaulle dimite**

1947

De Gaulle crea la Agrupación del Pueblo Francés

1955

De Gaulle se retira de la vida política y escribe sus *Memorias de guerra*

1958

Jun.: **De Gaulle se convierte en presidente del Consejo**

21 dic.: **De Gaulle es elegido presidente de la República**

1962

22 mar.: Argelia obtiene la independencia gracias a los Acuerdos de Evian

1968

May.: un gran número de levantamientos sacude Francia

1969

Abr.: **De Gaulle dimite**

1970

9 nov.: fallecimiento de Charles de Gaulle

- Charles de Gaulle nace el 22 de noviembre de 1890 en el seno de una familia burguesa.
- Atraído por la carrera militar, decide formarse en la escuela de Saint-Cyr, donde obtiene buenos resultados. Acaba su ciclo en 1912.
- Dos años después, estalla la Primera Guerra Mundial, en la que participa y resulta herido varias veces. En marzo de 1916 los alemanes lo hacen prisionero y, a pesar de que intenta escapar varias veces, no será puesto en libertad hasta que el conflicto termine.
- Tras el armisticio de 1918, el oficial De Gaulle continúa su carrera militar y asciende en la jerarquía. Además de ser un hombre de acción es un gran intelectual, y lleva a cabo diversas reflexiones sobre la profesión de soldado y sobre el ejército.
- Con el paso del tiempo, destaca en el plano político. Cuando estalla la Segunda Guerra Mundial, es puesto a la cabeza del 507.º Regimiento de Tanques en Metz. En junio de 1940, se convierte en general tras recibir órdenes de volver del frente, y luego en subsecretario de Estado de Defensa Nacional.
- Es enviado a Londres para iniciar negociaciones con Churchill, y cuando vuelve a Francia

se entera de que el Gobierno francés planea firmar el armisticio con Alemania. Al no poder aceptar la situación, vuelve a marcharse a Inglaterra y pronuncia el llamamiento del 18 de junio.

- Durante toda la guerra, el general De Gaulle no deja de defender la idea de una Francia libre y resistente. Pone en marcha un verdadero ejército y un órgano político. Además, efectúa el trabajo necesario para unificar la resistencia exterior e interior.

- Cuando se produce la liberación de París, vuelve a Francia como vencedor y toma el mando del Gobierno provisional, que tiene la misión de preparar una nueva Constitución.

- De Gaulle está en total desacuerdo con la orientación que toma la futura Cuarta República, por lo que toma la decisión de dimitir. Sin embargo, intentará hacer valer sus ideas a través de su partido, que crea poco después: la Agrupación del Pueblo Francés.

- Durante algunos años, De Gaulle cuenta con el apoyo de los electores, pero esa situación no dura mucho y, en 1953, acaba retirándose de la escena política. Entonces, empieza una larga travesía del desierto.

- Su regreso a la política se produce en 1958, tras la crisis de Argelia. Entonces, pone en marcha una nueva Constitución que marca el inicio de la Quinta República, que él mismo presidirá.
- Aunque sus primeros años en el poder están colmados de éxito, desde su reelección en la segunda vuelta de las elecciones de 1965 crecen las voces descontentas con su persona. Los acontecimientos de Mayo del 68 y el referéndum de 1969 lo empujan a dimitir.
- Fallece el 9 de noviembre de 1970 en Colombey-les-Deux-Églises.

¡Tu opinión nos interesa!
¡Deja un comentario en la página web de tu librería en línea,
y comparte tus favoritos en las redes sociales!

PARA IR MÁS ALLÁ

FUENTES BIBLIOGRÁFICAS

- Charles de Gaulle. Consultado el 10 de marzo de 2017. http://www.charles-de-gaulle.org/

- Charles de Gaulle-edu, "Biografía". Consultado el 10 de marzo de 2017. http://www.de-gaulle-edu.net/comprendre/biographie/biolyc_01.htm

- Cointet, Michèle. 1996. *De Gaulle et l'Algérie française*. París: Perrin.

- Gallo, Max. 1998. *De Gaulle*, vol. 1, 2, 3 y 4. París: Laffont.

- Lacouture, Jean. 1984-1986. *De Gaulle*, vol. 1, 2 y 3. París: Seuil.

- Larousse, "Charles de Gaulle". Consultado el 10 de marzo de 2017. http://www.larousse.fr/encyclopedie/personnage/Charles_de_Gaulle/120946

- Linternaute, "Charles de Gaulle". Consultado el 10 de marzo de 2017. http://www.linternaute.com/biographie/charles-de-gaulle/

- Ollivier, Jean-Paul. 2001. *L'ABCdaire de Gaulle*. París: Flammarion.

- Roussel, Éric. 2007. *De Gaulle*, tomo 1 y 2. París: Perrin.

FUENTES COMPLEMENTARIAS

- Agulhon, Maurice. 2000. *De Gaulle: histoire, symbole, mythe*. París: Plon.

- Andrieu, Claire, Philippe Braud y Guillaume Piketty. 2006. *Dictionnaire de Gaulle*. París: Robert Laffont.

- Crémieux-Brilhac, Jean-Louis. 1996. *La France libre. De l'appel du 18 juin à la Libération*. París: Gallimard.

- Ferro, Marc. 2000. *La colonización: una historia global*. México D. F.: Siglo XXI editores.

- Jiménez Barca, Antonio. 2010. "Siempre nos quedará De Gaulle". *El País*. 18 de junio. Consultado el 9 de marzo de 2017. http://elpais.com/diario/2010/06/18/internacional/1276812007_850215.html

- La Gorce, Paul-Marie. 2008. *Charles de Gaulle*, vol. 1 y 2. París: Nouveau Monde Éditions.

- Rémond, René. 1998. *1958, le retour de de Gaulle*. Bruselas: Éditions Complexe.

- Vaïsse, Maurice. 1998. *La grandeur: politique étrangère du général de Gaulle (1958-1969)*. París: Fayard.

FUENTES ICONOGRÁFICAS

- Retrato de Charles de Gaulle. © Bundesarchiv.

- Fotografía de la multitud concentrada el 26 de agosto en París para recibir a De Gaulle. La imagen reproducida está libre de derechos.

- Texto del llamamiento del 18 de junio. La imagen reproducida está libre de derechos.

- Foto del regreso triunfal de De Gaulle a París durante la Liberación. La imagen reproducida está libre de derechos.

- Cartel de Mayo del 68 en el que se lee la frase en francés «Mayo del 68, inicio de una lucha prolongada». La imagen reproducida está libre de derechos.

SERIES Y DOCUMENTALES

- *Le Grand Charles.* Miniserie dirigida por Bernard Stora, con Bernard Farcy, Denis Podalydès y Danièle Lebrun. Francia: 2006.

- *Ce jour-là, tout a changé.* "L'Appel du 18 juin". Temporada 1, episodio 3. Dirigida por Félix Olivier. Francia: 2010.

- *Je vous ai compris: de Gaulle 1958-1962.* Dirigido por Serge Moati. Francia: 2010.

- *De Gaulle, un géant aux pieds d'argile.* Dirigido por Patrick Jeudy. Francia: 2011.

EDIFICIOS CONMEMORATIVOS

- El despacho del general De Gaulle, en la calle Solférino en París, Francia.

- La casa natal de Charles de Gaulle, en Lille, Francia.

- La Boisserie, residencia histórica de Charles de Gaulle, en Colombey-les-Deux-Églises, Francia.

- El Memorial Charles de Gaulle, en Colombey-les-Deux-Églises, Francia.

- El Historial Charles de Gaulle, en el Museo del Ejército en París, Francia.

- El espacio conmemorativo Charles de Gaulle en el aeropuerto Charles de Gaulle, en Roissy, Francia.

- La estatua del general De Gaulle en los Campos Elíseos.

- La placa que reproduce el llamamiento del 18 de junio bajo el Arco de Triunfo de París.

¡APRENDER
NUNCA ANTES FUE
TAN RÁPIDO!

www.50minutos.es

www.50Minutos.es

ISBN ebook: 9782806288394

ISBN papel: 9782806288400

Depósito legal: D/2016/12603/698

Cubierta: © Primento

Libro realizado por Primento, el socio digital de los editores